DAT JULLIE HART OPEN MAG GAAN

Een toespraak van

SRI MATA AMRITANANDAMAYI

Op het Parlement van Wereld Religies,
Chicago, 3 september 1993

Mata Amritanandamayi Center, San Ramon
Californië, Verenigde Staten

Dat jullie hart open mag gaan
Een toespraak van Sri Mata Amritanandamayi
op het Parlement van Wereldreligies,
Chicago, 3 september 1993.

Uitgegeven door:
  Mata Amritanandamayi Center
  P.O. Box 613
  San Ramon, CA 94583
  Verenigde Staten

————*May Your Hearts Blossom (Dutch)* ————

©2000 Mata Amritanandamayi Center. Alle rechten voorbehouden. Niets uit deze uitgave mag worden opgeslagen in een geautomatiseerd gegevensbestand, verveelvoudigd, of openbaar gemaakt, in enige vorm of op enige wijze, hetzij elektronisch, mechanisch, door fotokopieën, opnamen, of op enige andere manier, zonder voorafgaande schriftelijke toestemming van de uitgever.

Eerst uitgave door het MA Center: mei 2016

In Nederland:
  www.amma.nl
  info@amma.nl

In België:
  www.vriendenvanamma.be

In India:
  inform@amritapuri.org
  www.amritapuri.org

Inhoud

Een portret van de Goddelijke moeder 5

Het tweede parlement van wereldreligies in 1993 9

De bijeenkomst van de religieuze leiders 14

Proloog 16

Het stromen van de Ganges 21

Dat jullie hart open mag gaan 24

De glorieuze nalatenschap van Sanatana Dharma 53

De boodschap van Sanatana Dharma 59

Naar een wereldomvattende ethiek 66

Een portret van de Goddelijke moeder

Amma is een mystica die voor iedereen toegankelijk is, met wie je kunt praten en in wiens tegenwoordigheid God voelbaar is. Zij is bescheiden, maar zo stevig als de Aarde. Zij is eenvoudig, maar zo schoon als de volle maan. Zij is de belichaming van Liefde en Waarheid, van verzaking en zelfopoffering. Zij onderricht niet alleen, maar leeft daadwerkelijk naar haar leringen. Zij geeft alles en neemt niets. Zij is een Grote Meesteres en een Grote Moeder. Dit is Mata Amritanandamayi Devi.

Amma werd geboren in het volle bewustzijn van de Hoogste Waarheid. Na zich aan de meest strenge spirituele discipline te hebben onderworpen of dit getoond te hebben (wij weten het niet), omarmde Zij de hele wereld met een liefde en barmhartigheid van onbeschrijfelijke grootte, de liefde en barmhartigheid die Haar ware wezen zijn.

Vanaf Haar prille jeugd nam de liefde voor God Haar in beslag. Zonder een Guru of gids ging ze volkomen op in Haar zoektocht naar de Goddelijke Moeder en de Goddelijke Vader. Ze doorstond de alsmaar voortdurende slechte behandelingen van Haar familie, de dorpelingen en de sceptici, die allen de grootheid van Haar ziel niet konden bevatten. Helemaal alleen in deze strijd doorstond Zij dit alles onverstoord met standvastige moed, geduld en een grenzeloze liefde voor allen. Op 21-jarige leeftijd manifesteerde zich in Haar de staat van eenheid met het Hoogste Zelf en toen Zij 22 was, begon Zij mensen die naar de Waarheid zochten, in het spirituele leven in te wijden. Op 27-jarige leeftijd stichtte de Goddelijke Moeder in Haar geboorte huis het spirituele centrum van Haar internationale Missie. Vijf jaar later waren er door heel India en in het buitenland zo'n 20 ashram-vestigingen. In 1987 maakte Amma, op uitnodiging van Haar toegewijden in de Verenigde Staten en Europa, Haar eerste wereld-tournee waarbij zij talloze mensen inspireerde en geestelijk verder hielp. Zij was toen 33 jaar oud.

Een portret van de Goddelijke moeder

Amma's hele leven is een onvergelijkbaar voorbeeld van onzelfzuchtige en onvoorwaardelijke liefde. In al die tientallen jaren heeft Amma zich onuitputtelijk in dienst gesteld van honderdduizenden lijdende mensen uit alle sociale lagen van de bevolking die overal ter wereld vandaan kwamen. Zij heeft hen persoonlijk raad gegeven en getroost. Met Haar handen droogt Amma hun tranen en verwijdert de last van hun zorgen. Haar persoonlijke aanraking, de warmte, het

medeleven, de tederheid en de diepe betrokkenheid die Amma voortdurend iedereen toont, Haar spirituele charisma, de onschuld en Haar natuurlijke charme zijn onbetwistbaar en uniek. Voor Amma is ieder wezen in dit universum Haar eigen kind. Zoals Amma het zelf zegt:

> *"Een ononderbroken stroom van Liefde gaat van Amma uit naar alle wezens in het universum. Dit is Amma's aangeboren aard".*

Het tweede parlement van wereldreligies in 1993

Hoewel verschillende stromen uit verschillende bronnen ontspringen, mengen zij alle hun water in dezelfde zee. O God, de diverse wegen die de mensen volgen, hoe verschillend ze ook mogen lijken, leiden toch allemaal tot U"

Atharva Veda

De geest van alle religies is één en dezelfde. Zij delen allen dezelfde fundamentele waarden. Ze zijn verbonden door de gemeenschappelijke zorg voor het universele welzijn van alle wezens en het geloof in de aangeboren heiligheid van alle levens.

De Hindoes zien alle wezen als goddelijk; de Christenen prediken de universele liefde; de Shintoïsten vereren ieders leven en rechten; de Jains (een Indiase religieuze minderheid) verklaren dat alle leven in onderlinge relatie met elkaar staat en elkaar wederzijds ondersteunt; de Sikhs beweren dat het zich ten dienste stellen van iedereen gelijk staat aan de verering van het

Goddelijke; de Koran verkondigt de gelijkheid en eenheid van alle mensen en de Boeddhisten zeggen dat de specifieke kenmerken van iedere ware religie goedwillendheid, liefde, zuiverheid en vriendelijkheid zijn.

En toch is er door de eeuwen heen, in de naam van religie, meer gestreden en meer bloed gevloeid dan voor welk ander doel dan ook.

Het eerste Parlement van Wereld Religies werd in 1893 in Chicago gehouden. Het was de eerste gemeenschappelijke poging om de verschillende religies aan één tafel te krijgen, waar de leiders en vertegenwoordigers van alle geloofsovertuigingen in staat waren met elkaar te overleggen en hun standpunten uit te wisselen. Op die eerste conferentie onderzochten zij de mogelijkheden voor religieuze verdraagzaamheid en harmonie en methoden om samen te werken bij het oplossen van brandende kwesties, die de mensheid bedreigen.

Het Parlement van 1893 werd door 400 mannen en vrouwen bijgewoond, die de 41 religieuze stromingen vertegenwoordigden. Het was hier, dat het Katholicisme en het Joodse geloof als belangrijkste religies in Amerika werden erkend en dat het Hindoeïsme en Boeddhisme voor het

Het tweede parlement van wereldreligies in 1993

eerst in het westen werden geïntroduceerd. Het was ook tijdens deze gelegenheid dat, door de indrukwekkende woorden van Swami Vivekananda, de Indiase eeuwen oude cultuur, filosofie en religie wereldwijde erkenning kreeg.

De 100-jarige verjaardag van het eerste Parlement van Wereld Religies werd, van 28 augustus tot 4 september 1993, ook in Chicago gehouden. Meer dan 6500 afgevaardigden, die ongeveer 125 van de wereldreligies vertegenwoordigen, namen deel aan het grote Parlement; onder hen waren ongeveer 600 spirituele wereldleiders.

In tegenstelling tot het eerste Parlement werd meer de nadruk gelegd op de dialoog dan op de individuele redevoeringen, omdat de deelnemers ernaar streefden om meer aandacht te schenken aan de bestaande overeenkomsten tussen hun religies. Men kwam overeen dat religie in wetenschap, spiritualiteit en andere praktische aspecten van het dagelijkse leven geïntegreerd moet worden en dat de mensen van alle geloofsovertuigingen aangemoedigd moeten worden om de vruchten van hun inspanningen te delen met hen die minder bedeeld zijn.

Zoals het eerste Parlement resulteerde in de aanvaarding van het Joodse geloof en het

Katholicisme als belangrijkste Amerikaanse religies en de opzienbarende introductie van de Oosterse religies, lag het zwaartepunt van het tweede Parlement echter in de groeiende erkenning en invloed van de andere tradities en geloofsrichtingen. Het Parlement leverde een duidelijk voorbeeld van het opkomende religieus pluralisme.

Tijdens het 8 dagen lang durende Parlement werden bijna 800 programma's georganiseerd, zoals toespraken, workshops, debatten tussen afgevaardigden van verschillende religieuze stromingen, meditatielessen en culturele uitvoeringen. Ook was er gelegenheid voor de wederzijdse deelname aan religieuze diensten en ceremonieën.

Het Parlement richtte zich op de vele kritieke kwesties waarmee de mensheid nu geconfronteerd wordt. Milieuvervuiling en nucleaire dreiging, de groeiende kloof tussen arm en rijk, racisme, onderdrukking en de veranderende rollen van man en vrouw - dit waren enkele thema's die ter discussie stonden en waarover werd nagedacht.

Het overweldigende succes van het tweede Parlement van Wereld Religies was op zichzelf al een bevestiging van de boodschap van harmonie en samenwerking die aan de wereldreligies ten grondslag ligt.

Het Parlement zette een grote stap in de richting van het doel dat men zich oorspronkelijk had gesteld: *"De bedoeling van het Parlement is niet om dit te vieren als grote omwenteling in de wereldgeschiedenis, maar om een nieuwe impuls en vorm aan de interreligieuze beweging te geven, nieuwe wegen voor een duurzame vrede te onderzoeken en een visie voor de komende eeuw te scheppen."*

De bijeenkomst van de religieuze leiders

Een grote stap werd door dit tweede Parlement gezet door de vorming van een kerngroep van de meest invloedrijke religieuze wereldleiders bestaande uit 25 religieuze leiders die alle belangrijke geloofsrichtingen vertegenwoordigen. Tijdens de Parlementsdagen kwam deze groep in besloten bijeenkomsten bijeen om de problemen, waar de wereld voor staat, te bespreken, oplossingen aan te dragen en een Globale Ethiek op te stellen.

Men had zich voorgesteld dat deze kerngroep als een soort spirituele Verenigde Naties zou functioneren; wanneer er ergens ter wereld een conflict uitbreekt wegens religieuze onverdraagzaamheid, dan zal de groep haar gezamenlijke

De bijeenkomst van de religieuze leiders

invloed en spiritueel gewicht aanwenden om tot een vreedzame oplossing te komen. Zij zullen de wereld trachten te tonen dat religie een bron van harmonie is in plaats van strijd.

De Goddelijke Moeder Mata Amritanandamayi werd gekozen tot één van de drie religieuze leiders die het Hindoeïsme vertegenwoordigen. De overige twee religieuze leiders zijn Swami Chidananda Saraswati (Religieus leider van de Divine Life Society) en Sivaya Subramuniya Swami (Spiritueel leider van de Saiva Siddhanta Church en uitgever van Hinduism Today).

Deze gevarieerde kerngroep van religieuze leiders, die onze vele verschillende religieuze stromingen vertegenwoordigen, zal er niet alleen naar streven om een dialoog tussen de verschillende geloven uit te dragen, maar ook om de mensheid naar een nieuw tijdperk van harmonie en vrede te leiden.

Proloog

Ter gelegenheid van de 100-jarige verjaardag van het Parlement van de Wereld Religies op 3 september 1993, sprak Amma over de grote noodzaak van liefde en mededogen in de huidige wereld.

Lang voor Amma's aankomst in de Grote Balzaal van het Palmer House Hotel in Chicago, hadden zich honderden mensen verzameld, die in zwijgende spanning buiten de grote dubbele deuren stonden te wachtten. Het was een groep mensen die uit alle delen van de wereld naar Chicago waren gekomen om aan het Parlement deel te nemen. Sommigen droegen de traditionele kleding van de verschillende geestelijke orden, anderen waren gekleed in de klederdracht van hun land; maar de meesten droegen zakelijke

Proloog

kleding zoals men dat in het dagelijkse leven in Chicago gewend is. In de menigte bevonden zich vertegenwoordigers uit de perswereld en de media, veiligheidsbeambten die de grootste moeite hadden om de opdringende menigte in bedwang te houden en natuurlijk Amma's toegewijden die met stralende gezichten op Haar komst wachtten. Velen merkten op dat geen enkel andere Parlementaire presentatie zoveel mensen had getrokken.

De atmosfeer was vol stille verwachting toen de mensen in de volle grote balzaal op de komst wachtten van "één van de meest vereerde spirituele meesters van India".

Amma verscheen vanaf de zijkant van het podium in Haar traditionele witte kleding en droeg een schitterend gekleurde bloemenkrans. Op de voor Haar gebruikelijke wijze boog Zij voor allen die waren gekomen en ging op de plaats zitten die speciaal voor Haar gemaakt was. Wie had kunnen vermoeden dat deze eenvoudige vrouw, die zich in alle nederigheid aan al de formaliteiten van de Grote Balzaal van het Palmer House Hotel aanpaste, op zo'n wonderbaarlijke wijze het verlangen van de terugkeer van de ziel zou uitdrukken, die latent in iedereen aanwezig is.

Tijdens alle formaliteiten bleef Amma iets kinderlijks en onschuldigs behouden. Voordat Zij aan Haar toespraak begon, vertelde Amma dat het niet Haar aard is om toespraken te houden, maar dat Ze een paar woorden zou zeggen over dingen die Zij in Haar leven ervaren heeft. Toen begon Zij Haar toespraak - zo helder en zo duidelijk waarin alle punten op prachtige wijze, zoals de bloemen van Haar bloemenkrans, aan elkaar geregen waren.

In Haar rede benadrukte Amma de dringende noodzaak om de religieuze principes in ons leven te integreren. "De taal van religie is de taal van liefde. Maar het is een taal die de moderne wereld vergeten is. Dit is de hoofdoorzaak van alle problemen die zich in deze tijd voordoen. Tegenwoordig kennen we alleen maar beperkte, zelfzuchtige liefde. De transformatie van deze beperkte liefde in Goddelijke liefde is het doel van religie. In de volheid van ware liefde bloeit de schone geurende bloem van compassie". Dit was de grondtoon van Haar rede. Met Haar karakteristieke eenvoud en welsprekendheid bracht Amma de ware geest van religie naar voren en zette de eeuwige religieuze principes, op een voor de huidige wereld passende wijze, uiteen.

Proloog

Tijdens Haar redevoering benadrukte Amma de noodzaak dat religie een balsem voor de lijdende mensheid zou moeten zijn, inplaats van een broedplaats van egoïsme en wedijver. Een uur lang zat het publiek geboeid te luisteren en toen Amma de redevoering beëindigde was er sprake van een emotionele ontlading; men zag journalisten in tranen en volkomen vreemden stonden van hun stoelen op om naar Amma te gaan.

Na Haar redevoering gaf Amma, op Haar onnavolgbare wijze, darshan.

De mensen drongen naar voren, alsof zij door een magneet tot Amma aangetrokken werden, vol verlangend om deze Goddelijke energie te ontvangen die hen zo diep geraakt en geïnspireerd had. Amma begroette zoveel mensen als Ze kon, een ieder teder omhelzend, totdat na een half uur tot ieders teleurstelling gestopt moest worden, omdat het officiële programma voortgezet moest worden.

Alleen al door Haar aanwezigheid had Amma de essentie van de woorden en beloften, de ideeën en bedoelingen achter het Parlement van Wereld Religies verlevendigd en uitgedragen.

John Ratz, een Public Relations adviseur, gaf over de redevoeringen, die tijdens het Parlement werden gehouden, het volgende commentaar:

"Iedere andere spreker had het thema van religie en spiritualiteit behandeld alsof het twee gescheiden zaken waren. Amma's indrukwekkende woorden daarentegen drongen diep in het hart van religie en spiritualiteit door waarbij de tegenstrijdigheden werden uitgewist, de kloof werd overbrugd en beiden op harmonieuze wijze werden samengesmolten. Zo werd hun ware essentie geopenbaard. Het was één van de meest betekenisvolle en sterke redevoeringen".

Het stromen van de Ganges

Amma's rede was als het stromen van de Ganges. Amma sprak vanuit de hoogste staat van transcendente spirituele gelukzaligheid en liet de mensen drinken van het Oneindige Bewustzijn dat in Haar meeslepende woorden doorklonk.

Terwijl Amma, de belichaming van Universele Liefde en Mededogen, sprak, scheen de atmosfeer van een diepe vrede vervuld te zijn. Haar rede was intellectueel overtuigend en had tegelijkertijd een enorme helende kracht en een groot zuiverend vermogen.

De Grote Balzaal van het Palmer House hotel zat vol mensen uit alle sociale bevolkingsgroepen, die gedurende Amma's toespraak van het begin tot het einde geboeid zaten te luisteren. Maar zodra de redevoering beëindigd was, kwamen de emoties los en gingen de mensen spontaan naar Amma toe om Haar darshan te ontvangen. Het was een onvergetelijke gebeurtenis.

Swami Amritaswarupananda

DAT JULLIE HART OPEN MAG GAAN

Een toespraak van

SRI MATA AMRITANANDAMAYI

Op het Parlement van Wereld Religies,
Chicago, 3 september 1993

Dat jullie hart open mag gaan

Mijn groet aan allen die hier vandaag gekomen zijn, jullie die de belichaming van de Hoogste Liefde zijn. Woorden kunnen de dankbaarheid die Amma voelt tegenover de integere organisatoren niet uitdrukken. Zij hebben de tijd en energie opgebracht om deze conferentie te organiseren. Hoewel zij midden in de huidige materialistische wereld leven, hebben zij zich voor de organisatie van deze conferentie ingezet, die gebaseerd is op de inspirerende en kracht schenkende waarden van religie. Door hun harde werk en enorme inspanningen hebben zij een voorbeeld van onzelfzuchtigheid gegeven, waar de wereld potentieel van profiteren kan. In de aanwezigheid van zo'n grootheid van het hart heeft Amma niets anders te zeggen en buigt zich nederig neer.

Het is niet Amma's gewoonte om redevoeringen te houden. Toch zal Amma enige woorden spreken over dingen die Zij in Haar eigen leven heeft ervaren. Mocht er iets verkeerd zijn in wat Ze zegt, dan vraagt Amma daarvoor vergeving.

Religie is het geloof dat uiteindelijk resulteert in de wetenschap en ervaring dat we zelf de almachtige God zijn. Om de mensen tot de verwerkelijking van hun eigen ware natuur van Goddelijkheid te brengen, hen te veranderen in God, dat is het doel van het "Sanatana Dharma", de "Eeuwige Religie" van India, beter bekend als het Hindoeïsme. Tegenwoordig is onze geest als een meer dat door onze gedachtengolven in beroering is gebracht. Wanneer deze golven afnemen en ophouden te bestaan, dan wordt de onbeweeglijke grond zichtbaar die de essentie van religie is, het hoofdthema en doel van de Advaita filosofie (non-dualiteit). Dit onbeweeglijke en onveranderlijke principe is de eigenlijke basis van het "Sanatana Dharma". De beroemde spirituele uitspraak "Aham Brahmasmi" (Ik ben Brahman, Absoluut Bewustzijn), wijst op de persoonlijke ervaring van het Zelf, dat vrij is van dualiteit.

"Ik ben een Hindoe", "ik ben een Christen", "ik ben een Moslim", "ik ben een ingenieur", "ik ben een arts", dat is de manier waarop iedereen spreekt. Dit naamloze, vormloze, alles doordringende principe dat allen gemeen hebben als het "ik" is de Atman (het Zelf), het Brahman (het absolute) of Ishwara (God). Het bestaan van God te loochenen is ons eigen bestaan ontkennen. Het is alsof je met je eigen tong zou zeggen: "ik heb geen tong". God is aanwezig in ieder van ons, in alle wezens, in alles. God is als de ruimte. Ruimte is overal. De hele schepping bestaat uit ruimte. Stel je voor dat we een huis bouwen. Ruimte bestaat voordat het huis gebouwd wordt. En na de voltooiing bestaat het huis in diezelfde ruimte. Zelfs nadat het huis is afgebroken, blijft dezelfde ruimte bestaan. God is net als de ruimte. Hij bestaat, onveranderlijk, in het heden, het verleden en de toekomst.

Men kan zich afvragen, "als God alomtegenwoordig is, waarom kan ik Hem dan niet zien?" Elektriciteit is onzichtbaar, maar steek je je vinger in een stopcontact, dan zal je het ervaren. Op dezelfde wijze moet God ervaren worden om te worden gekend. Sta achter een boom en probeer naar de zon te kijken. Je kunt de zon niet zien, niet waar? Je zou kunnen zeggen dat de boom de zon bedekt heeft, maar dat is niet zo. De zon kan niet bedekt worden. Je zicht is beperkt, daarom kun je de zon niet zien. Op dezelfde wijze verhindert dit beperkte zicht ons God te zien, hoewel Hij overal aanwezig is. Het idee van "ik" en "mijn" heeft ons zicht geblokkeerd en onze geest gebonden.

Het "Sanatana Dharma" vraagt ons niet in een God te geloven, die hoog boven de wolken op een gouden troon zit. God is geen beperkt wezen. God is alomtegenwoordig, almachtig en alwetend. God is het Levensprincipe en het Licht van het Bewustzijn in ons. God, de pure Gelukzaligheid, is waarlijk ons eigen Zelf.

Alleen de geest is de oorzaak van gebondenheid en vrijheid. Religie is het principe dat de geest bevrijdt van de diverse gedachten, emoties en van zijn afhankelijkheid van uiterlijke objecten. Zij helpt de geest de toestand van eeuwige vrijheid of onafhankelijkheid te bereiken. Het is het idee van "ik" en "mijn" dat ons afhankelijk maakt. Het in praktijk brengen van de principes van ware religie is het pad dat tot vernietiging van het ego zal leiden.

We kunnen niet verwachten geluk en perfectie in de wereld te vinden. Toch doen mensen voortdurend alle mogelijke moeite deze beiden in de wereld te vinden. In al die jaren hebben vele vrouwen tegen Amma gezegd: "O Amma, ik ben 40 jaar en nog steeds niet getrouwd. Ik kan geen geschikte man vinden". De mannen beklagen zich ook en zeggen: "Amma, ik het gezocht naar de bruid van mijn dromen, maar ik ben er niet in geslaagd haar te vinden". Zij verliezen alle hoop en zijn terneergeslagen. Dit herinnert Amma aan een verhaal:

Eens kwamen twee vrienden elkaar in een restaurant tegen. De één vertelde de ander dat zijn huwelijk spoedig zou plaatsvinden en nodigde z'n vriend uit om de huwelijksplechtigheid bij te wonen. Hij informeerde ook of z'n vriend een huwelijk had overwogen. "Ja", antwoordde de vriend. Ik wilde graag trouwen en ging op zoek naar de volmaakte vrouw. Ik ontmoette een vrouw in Spanje. Ze was mooi, intelligent en spiritueel, maar ze had geen kennis van wereldse zaken, zodat zij niet in aanmerking kwam. In Korea ontmoette ik een andere vrouw. Ze was mooi, intelligent en had zowel kennis van wereldse als van spirituele zaken. Ik kon echter niet met haar praten. Zo zette ik mijn zoektocht voort. Uiteindelijk vond ik haar in Afghanistan, de vrouw van mijn dromen. Ze was perfect in ieder opzicht. Ik kon zelfs met haar praten. De ander onderbrak hem en vroeg: "En ben je met haar getrouwd?" "Nee", antwoordde zijn vriend. "Waarom niet?" vroeg de ander. "Omdat zij zelf op zoek was naar de volmaakte echtgenoot".

Wat is het waar de mens naar hunkert? Hij hunkert naar vrede en geluk, niet waar? Mensen rennen overal heen om de innerlijke vrede te vinden. Maar rust en vrede zijn van het aardoppervlak verdwenen. Vol enthousiasme omhelzen we de uiterlijke wereld met al z'n comfort. Maar ondertussen is de innerlijke wereld tot een levende hel geworden. Er is meer dan genoeg comfort in de moderne wereld. Er is geen gebrek aan auto's en kamers met airconditioning. Dit comfort is overal ter wereld beschikbaar. Maar hoe jammerlijk is het dat de mensen die erin leven nog steeds geen vrede hebben gevonden. Velen van hen kunnen niet slapen zonder de hulp van slaapmiddelen. De onrust en spanningen van de geest zijn niet meer onder controle te brengen en zo ondraaglijk dat vele mensen zelfmoord plegen, zelfs terwijl zij in weelde leven in hun kamers met airconditioning. Degenen die zo'n belang hechten aan auto's en huizen met airconditioning, zouden eerder moeite moeten doen om hun eigen geest van airconditioning te voorzien. Dit is wat nodig is om echt geluk te ervaren.

Geluk en tevredenheid zijn uitsluitend afhankelijk van de geest en niet van uiterlijke objecten of omstandigheden. Geluk hangt in feite van zelfbeheersing af. Hemel en hel worden beiden gecreëerd door de geest. Zelfs de hoogste hemel verandert in een hel als de geest onrustig is. Terwijl de diepste hel in een gelukzalig oord verandert voor degene die in het bezit is van een vredige en ontspannen geest. Religie is de wetenschap die ons leert een zorgeloos en van geluk vervuld leven te leiden terwijl we nog in deze wereld van verscheidenheid zijn.

In de huidige wereld zijn geloof en alertheid noodzakelijk

Tegenwoordig is ons geloof als een kunstmatig lichaamsdeel. Het heeft geen levenskracht. We hebben geen vanuit het hart komende verbinding met het geloof, omdat het niet in ons leven geworteld is.

Dit is een wetenschappelijk tijdperk. Intellect en rede hebben grote hoogten bereikt. Maar het is verrassend dat de meest intellectueel ontwikkelde mensen nog steeds al hun geloof en vertrouwen hebben gesteld in auto's, televisietoestellen, huizen en computers, - allen objecten die er elk moment mee kunnen stoppen te functioneren of die vernietigd kunnen worden. We zijn zeer gehecht aan deze dingen en aan de kleine genoegens die ze ons bieden. Wanneer ze beschadigd of kapot zijn haasten we ons ze te repareren. Maar we realiseren ons niet dat wij zelf het meest dringend reparatie nodig hebben, omdat we het geloof in ons Zelf verloren hebben. We hebben het geloof in ons hart en z'n tedere gevoelens verloren. Een man die eindeloos geduld toont tijdens het repareren van zijn computer en televisie, heeft geen geduld om de valse tonen in zijn eigen leven te stemmen.

De wereld wordt langzamerhand in duisternis gehuld. Overal zien we erbarmelijke beelden. Mensen storten in elkaar omdat zij al hun energie en vitaliteit hebben verspild in het najagen van hun verlangens. De mens heeft de redelijke, door de natuur gestelde, grenzen overtreden. Dit betekent niet dat men de genoegens van de wereld niet zou mogen genieten. Dat is in orde. Maar je moet je de grote Waarheid bewust zijn, dat het genot dat men van de zinnelijke bevrediging en objecten in de wereld verkrijgt slechts een flauwe afspiegeling is van de oneindige gelukzaligheid die uit je eigen Zelf voortkomt. Weet dat je ware natuur gelukzaligheid is. Net zoals de krant van vandaag het oude papier van morgen wordt, kan dat wat ons vandaag geluk schenkt morgen al gauw een bron van wanhoop worden. Religie leert ons deze waarheid te begrijpen terwijl we in de wereld leven.

De geest kan vergeleken worden met een slinger; net zoals de ononderbroken beweging van de slinger van de klok, schommelt de slinger van de geest onophoudelijk heen en weer tussen geluk en verdriet. Wanneer de slinger van de klok zich naar het ene uiteinde beweegt, wint het enkel aan kracht om weer naar het andere uiteinde te bewegen. Als de slinger van de geest zich naar het geluk toe beweegt, wint het alleen maar aan kracht om het andere uiteinde van verdriet te bereiken. Ware vrede en geluk kunnen alleen ervaren worden, wanneer de slinger van de geest tot volledige stilstand is gekomen. Uit deze stilte vloeit de ware vrede en gelukzaligheid voort. Deze toestand van volmaakte en innerlijke stilte is waarlijk de essentie van het leven.

Religie verlangt van ons om voortdurend alert te zijn. Een vogel die op een dunne tak zit, is zich er ieder moment van bewust dat de tak bij het kleinste zuchtje wind kan afbreken. Daarom is de vogel altijd alert en gereed om weg te vliegen. Net zoals de vogel op de tak, steunen wij op de objecten van de wereld, die ieder moment in elkaar kunnen storten. De mensen vragen: "Verwacht je dan van ons dat we de wereld de rug toe keren om naar een afgelegen plek te gaan en daar met gesloten ogen niets zitten te doen?" Nee, dat is niet de bedoeling. Wees niet lui en apathisch. Kom je plichten in de wereld na en werk. Je kunt werken om de rijkdom te verwerven en van het leven te genieten, maar houdt voor ogen dat dit vergaren, bezitten en bewaren gelijk staat als het bewaren van een kam voor een kaal hoofd. Ongeacht tijd en plaats zal de dood ons verslaan en alles van ons wegnemen. Op het moment van sterven zullen we alles achter ons moeten laten. Niets en niemand zal ons te hulp komen. Daarom adviseert religie ons: "Begrijp dat het doel van dit kostbare leven niet alleen is om het lichaam te voeden, maar je tot de staat van volmaaktheid te ontwikkelen".

Als een mens leeft en inzicht krijgt in de vergankelijke natuur van de wereld, kan hij het leven toch met liefde omhelzen, zonder in elkaar te storten en alle moed te verliezen wanneer er zich moeilijkheden voordoen. Een mens die niet kan zwemmen, is aan de genade van de golven overgeleverd. De golven kunnen hem gemakkelijk overweldigen en de diepte in sleuren. Maar voor iemand die kan zwemmen is het een genot om zich in de golven te begeven. Hij kan niet zomaar door hen gegrepen worden.

Op dezelfde wijze zijn de veelvormige en tegenstrijdige eigenschappen van het leven een prachtig spel voor diegene die zich bewust is van de eeuwig veranderende vluchtige natuur. Lachend kan hij, op dezelfde wijze, zowel de negatieve als de positieve ervaringen van het leven tegemoet treden. Maar voor degenen die dit inzicht niet hebben, wordt het leven een ondraaglijke last vol droefenis. De ware religieuze principes geven ons de kracht en de moed om de moeilijke situaties van het leven met een kalme en evenwichtige geest het hoofd te bieden. Religie maakt de weg vrij om dit leven met grotere vreugde, levenslust en vertrouwen te beleven. Voor degene die deze religieuze principes werkelijk heeft verwezenlijkt, is het leven als het vreugdevolle spel van een onschuldig kind.

De huidige wereld probeert de waarde van de religieuze principes te beoordelen aan de hand van de handelingen die bepaalde mensen in de naam van religie uitvoeren. De hele religie wordt dan veroordeeld op grond van de misstappen van enkele individuen. Dit is als de baby met het badwater weggooien. Het is alsof men alle medicijnen en artsen zou veroordelen, omdat één arts een verkeerd medicijn heeft voorgeschreven. Individuen zijn soms goed en soms slecht. Zij hebben hun zwakheden en het kan hen aan onderscheidingsvermogen ontbreken. Het is verkeerd om de fouten en zwakheden, die men in hen ziet, op de principes van religie af te wenden.

Het is de beoefening van religieuze principes die het menselijk leven vitaliteit en energie geeft. Zonder religie en geloof zou het leven op aarde leeg zijn. Zoals een lijk, getooid in een prachtig kostuum, zijn de schoonheid en de vreugden van dit leven slechts oppervlakkig. Zonder religie wordt onze geest gevoelloos en dor. Alleen omdat de mensen nog iets van religie en spiritualiteit in zich hebben opgenomen, is er tenminste nog wat schoonheid, vitaliteit en harmonie in ons leven.

Het huidige verval van religie

Religie bevat de wezenlijke principes van het leven, waardoor egoïsme en kleingeestigheid worden overwonnen. Maar soms, wegens gebrek aan de juiste interpretatie, wordt diezelfde religie een broedplaats van deze negatieve eigenschappen. Als resultaat van egoïsme, bekrompenheid en wedijver ontstaan ruzies. Deze ontstaan omdat de mensen gefaald hebben om de essentie van religie te begrijpen.

Vandaag de dag zijn er duizenden die bereid zijn voor hun religie te sterven, maar er is niemand die volgens haar principes wil leven. Mensen realiseren zich niet dat religie iets is dat geleefd moet worden. Zij vergeten dat het toegepast en in ons dagelijks leven in praktijk gebracht moet worden.

"Mijn religie is de beste! Mijn religie is de grootste!" zegt de een. "Nee, het is mijn religie die de beste en de grootste is", zegt de ander. Zo gaat het geschreeuw als maar door. Vanwege deze kleingeestigheid en jaloezie gaan de mensen aan de eigenlijke essentie en boodschap van de religie voorbij.

Denkend aan de strijd die er tegenwoordig tussen de religies bestaat, herinnert Amma zich een verhaal. Er waren eens twee patiënten in verschillende afdelingen van hetzelfde ziekenhuis en beiden werden verzorgd door familieleden. De patiënten waren ernstig ziek en kreunden van de pijn. Beiden zonden één van hun familieleden om de dringend gewenste medicijnen te kopen. Bij hun terugkeer in het ziekenhuis ontmoetten zij elkaar voor een smalle deuropening, die slechts één persoon doorgang bood. Beide familieleden wilden als eerste passeren en geen van hen dacht eraan toe te geven en uit te wijken voor de ander. Beiden stonden erop als eerste gekomen te zijn en er ontstond een flinke ruzie. Terwijl de patiënten schreeuwden van ondraaglijke pijn, zetten hun familieleden de ruzie voort, de medicijnen stevig in hun handen houdend. Vaak zien we de volgelingen van verschillende religies in de rollen van deze twee familieleden. Verblind door de uiterlijkheden van hun geloof slagen zij er niet in de ware geest en essentie te begrijpen. In plaats van dichter bij God te komen, gaan zij in feite in de naam van religie ten onder.

Dit is een beklagenswaardige toestand van religie in de moderne tijd. Vanwege deze ontoegeeflijkheid en arrogante houding hebben de mensen geduld noch verdraagzaamheid en zijn zij hun vermogen tot liefhebben kwijt geraakt.

Alle leden van één familie zullen waarschijnlijk niet van hetzelfde mentale niveau zijn. Misschien is er onder hen een persoon die handelt en spreekt zonder onderscheidingsvermogen, woedend wordt en daardoor de hele familie uit evenwicht brengt. Maar misschien is er in dezelfde familie één persoon, wiens natuur stil en rustig is. Het zou iemand vol nederigheid, met een scherp onderscheidingsvermogen en een helder inzicht kunnen zijn. De vraag is nu, wie of wat houdt de integriteit en de harmonie van deze familie in stand? Zonder enige twijfel kan men stellen dat het de eigenschappen van de laatste zijn, die de familie bij elkaar houden. De woede en het gebrek aan onderscheidingsvermogen van de één worden door de rust, nederigheid en wijsheid van de ander verminderd. Hadden de karaktertrekken van het kwade familielid de overhand gekregen, dan was de familie al lang geleden uit elkaar gevallen. Op dezelfde wijze staat de wereld tegenover een geweldige bedreiging en zijn het de liefde, het geduld, de barmhartigheid, de zelfopoffering en de nederigheid van de Mahatma's (grote zielen), die de harmonie en integriteit van de wereld ondersteunen en in stand houden. De duisternis van onze tijd kan volledig overwonnen worden als er in iedere familie tenminste één persoon is die toegewijd en bereid is volgens de wezenlijke principes van religie te leven.

Wanneer we de geest van religie werkelijk in ons opnemen worden het verdriet en het lijden van anderen ons eigen verdriet en lijden. Dan ontstaat medeleven en zijn we in staat om open te staan voor de pijn en het leed van anderen. Alleen door de ervaring van eenheid met het Zelf kunnen we werkelijk medeleven en bezorgdheid voelen.

Amma zal een verhaal vertellen: Iemand die alleen in een flat woonde leed aan kanker. Hij leed verschrikkelijke pijn en weende. Hij was zo arm, dat hij geen geld had om een medicijn te kopen om de kwellende pijn te verlichting. Tegelijkertijd was er in de aangrenzende flat, een ander persoon bezig zich aan verschillende genoegens over te geven, bevrediging zoekend in alcohol, drugs en de omgang met vrouwen. Als hij het geld dat hij aan deze zelfvernietiging verspilde, had gebruikt om de arme man naast hem te helpen, zou diens lijden verzacht zijn. Bovendien had zijn eigen egoïsme tot een einde kunnen komen. Medeleven tonen voor de armen en lijdende mensen is onze plicht tegenover God. Alleen dit soort liefde, barmhartigheid en medeleven met anderen kan harmonie in de wereld brengen.

Als we per ongeluk onze vinger in ons oog steken, straffen we dan de vinger? Nee, we proberen eenvoudig de pijn te verzachten. Waarom straffen we de vinger niet? Omdat beiden een deel van ons zijn, beiden behoren ons toe. We zien onszelf zowel in het oog als in de vinger. Op dezelfde manier zouden we in staat moeten zijn ons eigen Zelf in alle wezens te zien. Als dat mogelijk is, kunnen we gemakkelijk de fouten van anderen vergeven. In staat te zijn anderen lief te hebben en te vergeven, ons zelf in hen te zien, hun fouten als onze eigen fouten te zien, dat is de ware geest van religie.

Goud is op zichzelf mooi, glanzend en kostbaar. Maar als het daarbij nog een heerlijke geur had, hoe zeer zou dat zijn waarde en charme vergroten! Meditatie en religieuze of spirituele oefeningen zijn zeker waardevol. Maar wanneer men daarbij nog mededogen voor de naaste heeft, dan is dat als goud dat geurt, iets heel bijzonders.

Religie is het geheim van het leven. Zij leert ons lief te hebben, te dienen, te vergeven, te verdragen en onze broeders en zusters met medeleven en mededogen tegemoet te treden. Advaita (de Indiase filosofie van non-dualiteit) is een puur subjectieve ervaring. Maar in het dagelijkse leven kan zij uitgedrukt worden in liefde en mededogen. Dit is de belangrijkste les van de grote wijzen en heiligen van India, de belichamingen van het "Sanatana Dharma".

De rol van liefde en mededogen in religie

Ware religie is een taal die de moderne mens is vergeten. We hebben de liefde, mededogen en het wederzijdse begrip die de religie ons leert, vergeten. De oorzaak die aan alle problemen in de huidige wereld ten grondslag ligt, is het gebrek aan liefde en mededogen. Alle chaos en verwarring die zowel in het individuele leven als op nationaal niveau en in de wereld als geheel de overhand hebben, bestaan alleen omdat we gefaald hebben om de ware religieuze principes in ons dagelijks leven toe te passen. Religie zou een deel van ons leven moeten worden. Religie moet weer bezield worden, het heeft nieuw leven en vitaliteit nodig. Dan alleen zal liefde en mededogen in ons ontwaken. Enkel liefde en mededogen zullen de duisternis verdrijven en licht en zuiverheid in de wereld brengen.

Als liefde in Goddelijke liefde verandert, vult het hart zich met mededogen. Liefde is een innerlijk gevoel en mededogen is haar expressie. Mededogen is het uitdrukken van de uit het hart voortkomende bezorgdheid voor een ander mens dat lijdt.

Er is liefde en liefde. Je houdt van je familie, maar je houdt niet van je buurman. Je houdt van je zoon of dochter, maar je houdt niet van alle kinderen. Je houdt van je vader en moeder, maar je houdt niet van iedereen zoals je van je ouders houdt. Je houdt van je religie, maar je houdt niet van alle religies. Misschien mag je de mensen van een ander geloof zelfs niet. Op dezelfde wijze heb je liefde voor je vaderland, maar je houdt niet van alle landen en je voelt misschien zelfs vijandschap tegenover mensen van een andere nationaliteit. Daaruit volgt dat dit geen ware liefde is, het is slechts beperkte liefde. De transformatie van deze beperkte liefde in Goddelijke liefde is het doel van spiritualiteit. In de volheid van liefde bloeit de wonderschone geurende bloem van mededogen.

Wanneer de belemmeringen van ego, angst en het gevoel van anders te zijn verdwijnen, kun je niet anders dan lief hebben. Je verwacht niets terug voor je liefde. Het kan je niet schelen of je iets krijgt of niet, je stroomt alleen maar. Iedereen die in deze rivier van liefde komt, wordt erin gewassen, of iemand nu ziek of gezond, man of vrouw, arm of rijk is. Iedereen kan zoveel als hij wenst, in de rivier van liefde baden. Of iemand erin baadt of niet, het maakt de rivier niets uit. Of iemand hem bekritiseert of beledigt, hij neemt er geen notitie van. Hij stroomt eenvoudig. Als deze liefde overstroomt en uitdrukking vindt in elk woord en elke daad, noemen we dat mededogen. Dit is het doel van religie. Een mens vol liefde en mededogen heeft de ware beginselen van religie verwerkelijkt.

Een mens met mededogen ziet geen fouten in anderen. Hij ziet niet de zwakheden van andere mensen. Hij maakt geen onderscheid tussen goede en slechte mensen. Wanneer iemand vol liefde en mededogen is, kan hij geen grens trekken tussen twee landen, twee geloven of twee religies. Hij heeft geen ego. Daarom kent hij geen angst, lust of passie. Hij vergeeft en vergeet eenvoudig. Mededogen is als een kanaal. Alles gaat er doorheen. Niets kan erin blijven omdat, waar echte liefde en mededogen is, geen gehechtheid kan zijn. Mededogen is de uitdrukking van Liefde in al haar volheid.

In alles leven te zien en te voelen, dat is Liefde. Als Liefde het hart vult, dan kan men het leven in en door de hele Schepping zien trillen. "Leven is Liefde" - dit is de les van religie. Leven is hier. Leven is daar. Leven is overal. Er is niets dan Leven. Zo ook is Liefde overal. Waar leven is, daar is Liefde en omgekeerd. Leven en Liefde zijn niet twee, maar één. Maar de onwetendheid over die eenheid zal voort duren totdat men God realiseert. Tot aan de verwerkeling van het Zelf zal het onderscheid tussen intellect en hart blijven bestaan. Intellect alleen is niet voldoende. Om de volmaaktheid te bereiken, om de volheid van het leven te ervaren, hebben we een hart vol liefde en mededogen nodig. Dit weten is het enige doel van religie en van religieuze oefeningen.

Dit is het tijdperk van het intellect en de rede, het tijdperk van de wetenschap. We zijn de gevoelens van het hart vergeten. Een algemene uitdrukking die in de hele wereld wordt gebruikt is: "I have fallen in love (ik ben verliefd geworden)". In het Nederlands kent men ook de uitdrukking: "voor iemand vallen". Ja, we zijn in een liefde gevallen die in egoïsme en materialisme geworteld is. Als we vallen moeten, laat ons dan vanuit het hoofd in het hart vallen. In Liefde opstijgen, dat is religie.

Het herstel van het evenwicht in de natuur

Ware religie leert ons dat de hele Schepping een manifestatie van God is. Als dat zo is, moeten we liefde en aandacht hebben voor zowel de natuur als onze naasten. De geschriften zeggen: "Isavasyamidam Sarvam": alles is doordrongen van Goddelijk Bewustzijn. De aarde, de bomen, planten en dieren zijn allemaal manifestaties van God. We zouden hen net zo lief moeten hebben zoals we ons eigen Zelf liefhebben. Eigenlijk zouden we hen meer moeten liefhebben dan onszelf, omdat de mens alleen dankzij de ondersteuning van de natuur kan leven. Er wordt gezegd dat we twee bomen zouden moeten planten voor iedere boom die we omhakken. Desondanks wordt het evenwicht van de natuur niet in stand gehouden als een grote boom wordt vervangen door twee jonge boompjes. Als van een desinfecterend middel een kleinere hoeveelheid dan de vereiste hoeveelheid in water wordt opgelost, dan zal het effect ervan veel minder zijn. Als een Ayur-vedisch medicijn, dat met tien verschillende ingrediënten bereid moet worden, slechts met acht daarvan bereid wordt, dan zal het niet de gewenste werking hebben. Dieren, planten en bomen dragen allemaal bij tot de harmonie in de natuur. Het is de plicht van de mensen hen te beschermen en in stand te houden, omdat zij niet in staat zijn zichzelf te verdedigen. Als we doorgaan hen te vernietigen, dan zal dit de wereld veel schade en leed toebrengen.

Amma herinnert zich dat in Haar kinderjaren op de plaats van inenting direct koemest werd aangebracht om infectie te voorkomen. Maar vandaag de dag raakt een wond door koemest geïnfecteerd. Vanwege de gifstoffen waarmee de mens het milieu vervuild heeft, is ons afweersysteem verzwakt en is ook de koeiemest gevaarlijk geworden.

In de tijd van de Rishi's was de levensduur van een normaal mens meer dan honderd jaar, terwijl deze tegenwoordig aanzienlijk minder is en nog steeds afneemt. Er zijn tegenwoordig zeldzame gevallen waarin mensen meer dan honderd jaar oud worden, maar dat gaat gewoonlijk samen met een slechte gezondheid en veel lijden. Ongeneeslijke ziekten hebben de overhand gekregen, omdat de mensheid de natuurwetten overtreedt.

Hoeveel luchtverontreiniging wordt door de rook van de fabrieken veroorzaakt. Amma suggereert niet dat we de fabrieken moeten sluiten. Ze zegt alleen dat een deel van de winst gebruikt zou moeten worden om methoden te vinden die de vervuiling kunnen reduceren en het milieu beschermen en doen herleven.

Vroeger kwamen regen en zonneschijn op de juiste tijd en zij ondersteunden de cyclus van groei en oogst. Er was geen noodzaak voor irrigatie, omdat de natuur zelf voor alles zorgde. Tegenwoordig zijn we afgeweken van het pad van Dharma (de juiste wijze van handelen). We zijn niet in het minst bezorgd over de natuur en daarom reageert zij. Dezelfde koele bries die eens de mensen streelde, is in een tornado veranderd.

We kunnen eraan twijfelen of we de macht hebben om het verloren evenwicht van de natuur weer te herstellen. We kunnen ons afvragen: "Zijn wij mensen niet te beperkt?" Nee, dat zijn we niet! We hebben een onbegrensde kracht in ons, maar we bevinden ons in diepe slaap en we zijn ons niet van die kracht bewust. Deze kracht komt vrij als we van binnen ontwaken. Religie is het grootste geheim van het leven, dat ons in staat stelt deze onbegrensde, maar slapende innerlijke kracht te doen ontwaken.

De Sanatana Dharma verkondigt: "O mens, je bent geen kleine kaars, je bent voor jouw licht van niemand afhankelijk. Je bent de (zelf) lichtgevende zon". Zolang je denkt dat je het lichaam bent, ben je als een kleine batterij waarvan de kracht gemakkelijk uitgeput raakt. Maar wanneer je weet dat je de Atman bent (het stralende Zelf), dan ben je als een reusachtige batterij verbonden met de kosmische bron, die je voortdurend van onuitputtelijke energie voorziet. Als je met God, het Zelf, de Bron van alle kracht verbonden bent, dan zal je energie nooit opraken. Je beschikt over een oneindig potentiaal. Wees je bewust van je eigen immense macht en kracht. Je bent geen klein zacht lammetje, je bent een koninklijke machtige leeuw. Je bent de kosmische energie, de almachtige God.

Kinderen moeten door middel van voorbeeld onderwezen worden

Amma heeft gehoord, dat veel jonge kinderen in het westen vuurwapens dragen als ze naar school gaan. Er werd Haar verteld dat ze zelfs iemand zonder reden kunnen neerschieten. Heb je ooit erover nagedacht waarom jonge kinderen ertoe komen om op zo'n wrede wijze te handelen? Dat komt omdat hen nooit het juiste gedrag is geleerd. Ze hebben nooit echte liefde en medeleven ervaren. Vele jongens en meisjes zijn naar Amma gekomen en vertelden: "Onze moeder heeft ons geen enkele liefde gegeven. Onze ouders hebben ons niet geleerd hoe we ons dienen te gedragen. We hebben onze vader en moeder voor onze ogen met elkaar zien vechten. Wanneer we getuige zijn van zulke ruzies en egoïsme, beginnen we de hele wereld te haten. We worden ongehoorzaam en zelfzuchtig". Hun ouders, van wie verwacht wordt hen de eerste lessen in liefde en geduld te leren, falen om het juiste voorbeeld te geven. Het is Amma's verzoek dat de ouders hun kinderen in de eerste jaren veel liefde en tederheid schenken. Kleine kinderen mogen niet in hun wieg alleen gelaten worden. Hun moeder moet ze, met volle liefde en tederheid, dicht bij zich houden en borstvoeding geven. De kinderen zouden in hun opvoeding in religieuze en morele principes onderwezen moeten worden. Ouders zouden niet voor de ogen van hun kinderen moeten vechten of woede en haat tonen. Als ze dat doen hoe kan het kind dan geduld en liefde leren?

Als je over een veld van zacht groen gras loopt, zal er zich automatisch een pad vormen. Terwijl je, in het geval van een rotsachtige heuvel, ontelbare keren op en neer zou moeten lopen voordat er zich een pad aftekent. Op dezelfde wijze kan het karakter van een kind gemakkelijk gevormd worden. Kinderen hebben liefdevolle verzorging nodig, maar tegelijkertijd moeten we niet vergeten hen discipline bij te brengen. Geloof in God zou hen bijgebracht moeten worden, evenals liefde voor de hele schepping. Dit is alleen mogelijk door een juiste religieuze opvoeding.

Kinderen, het is onze eerste taak en plicht om in deze wereld onze medemensen te helpen. God heeft niets van ons nodig. Hij is immers volmaakt. Te denken dat God iets van ons nodig heeft, is alsof je een brandende kaars voor de zon houdt om zijn weg te verlichten. God is degene die ons beschermt. Hij is niet degene die door ons beschermd moet worden. Een rivier heeft niet het stilstaande water van een vijver nodig. Het is eerder de vijver die het water van de rivier nodig heeft om schoon en zuiver te worden. Tegenwoordig is onze geest vol onzuiverheden zoals het stilstaande water van de vijver. We hebben de genade van God nodig om ons te zuiveren en te groeien, zodat we de wereld onzelfzuchtig kunnen liefhebben en dienen.

Het is onze plicht tegenover God om mededogen jegens de lijdende mensheid te tonen. Onze spirituele tocht moet beginnen met het onzelfzuchtig dienen van de wereld. Mensen zullen teleurgesteld worden als ze in meditatie zitten en verwachten dat hun derde oog zich zal openen zodra de andere twee sluiten. Dit zal niet gebeuren. We kunnen in de naam van spiritualiteit onze ogen niet sluiten voor de wereld en verwachten vooruitgang te boeken. Overal eenheid te zien, terwijl de wereld met open ogen wordt waargenomen, dat is de spirituele Realisatie.

Wanneer een bloem nog niet in bloei is, maar nog in de knop, dan zijn haar schoonheid en geur nog niet geopenbaard. Niemand is in staat ze te waarderen of van hen te genieten. Maar als de bloem bloeit, als het haar betoverende kleuren en vormen ontvouwt, als het haar geur verspreidt, brengt dat overal vreugde en geluk. Op dezelfde wijze zijn de bloemen van onze harten nog niet in bloei. Het zijn nog kleine knopjes. Maar worden ze gevoed door het geloof in God, door liefde en mededogen en door het naleven van de religieuze principes, dan zullen de bloemknoppen van onze harten zich zeker ontvouwen. Hun schoonheid onthullend en hun geur verspreidend worden zij een zegen voor de wereld.

Religie is niet beperkt tot de woorden van de geschriften. Het is een manier van leven. Zijn schoonheid en charme vinden hun uitdrukking in de liefde en het mededogen van degenen die in overstemming met hun richtlijnen leven. Alles wat Amma tot nu toe gezegd heeft is als een etiket op een medicijnfles. Enkel het etiket te lezen zal geen genezing brengen. Het medicijn moet ingenomen worden. Je kunt de zoetheid van honing niet proeven door een papier af te likken waarop het woord honing geschreven staat. Zo moet over de principes, beschreven in de religieuze teksten, nagedacht en gemediteerd worden en moeten zij uiteindelijk gerealiseerd worden. Laten we allen toevlucht zoeken aan de voeten van de Hoogste God en bidden dat we de staat van volmaaktheid mogen bereiken.

De glorieuze nalatenschap van Sanatana Dharma

De volgende rede hield Amma, 's ochtends 4 september 1993, voor een gehoor van spirituele leiders en hoogwaardigheidsbekleders nadat het Hindoe gastcomité Haar vereerde door Haar als één van de drie voorzitters van het Hindoeïsme te kiezen.

De grote heiligen en wijzen van India, die de belichamingen van het Sanatana Dharma waren, hebben nooit ergens aanspraak op gemaakt. Voor eeuwig verankerd in de hoogste staat van absolute eenheid, vonden Zij het moeilijk de ervaring van de Oneindige Hoogste Waarheid in woorden uit te drukken. Zij wisten dat de beperkingen van de taal de spreker nooit in staat kan stellen een juist beeld van de Waarheid te geven. Daarom hebben de Groten er altijd de voorkeur aan gegeven te zwijgen. Maar uit mededogen voor degenen, die God zoeken en in het duister tasten, spraken zij. Voordat zij spraken, baden Zij echter als volgt:

> *"O Hoogste Zelf, mogen mijn woorden in mijn geest geworteld zijn, moge mijn geest in mijn woorden geworteld zijn".*

Zij baden tot het Hoogste Brahman: "Ik ga mijn ervaring van de Waarheid in woorden uitdrukken. Mijn ervaring van de Oneindige Waarheid is zo absoluut volkomen, dat woorden het niet kunnen uitdrukken. Maar ik zal het proberen. Wanneer ik spreek, geef me dan het vermogen om door mijn woorden de essentiële boodschap van de Waarheid uit te drukken en over te brengen. Laat me de Waarheid niet vervormen".

Het is de plicht van ieder van ons deze grote Waarheid van de heiligen en wijzen door te geven aan de wereld. Het is erg belangrijk dat we de gevoelens en geloven van mensen van andere religies respecteren. Maar tegelijkertijd moeten we de wereld laten weten dat het eeuwige Sanatana Dharma niet weggelegd is voor bepaalde individuen; het is een puur subjectieve ervaring dat van groot belang is voor ieder mens. Iedereen is de belichaming van deze grote Waarheid. Het Sanatana Dharma behoort niet toe aan een bepaalde kaste, geloof of sekte. De wereld moet dit weten. Werkelijk, het Sanatana Dharma is een bron van grote kracht en inspiratie voor de gehele mensheid. Daarom zouden de volgelingen ervan voortdurend voor de vrede en harmonie van de wereld moeten werken. Alleen dan zal de belofte van de Rishi's werkelijkheid worden.

De Rishi's hebben geen eigen religie gevormd. Zij gaven betekenis aan de verschillende menselijke waarden en spirituele waarheden. Daarom omvatten hun gebeden, zoals het volgende, het hele universum:

"Om lokah samasthah sukhino bhavantu"
Moge de hele wereld gelukkig zijn.

"Om sarvesham svastir bhavatu
Sarvesham shantir bhavatu
Sarvesham purnam bhavatu
Sarvesham mangalam bhavatu
Om shanti, shanti, shanti".

"Moge in allen tevredenheid heersen
Moge in allen vrede heersen

Moge in allen volmaaktheid heersen
Moge in allen het geluk heersen
Vrede ... vrede ... vrede".

Een sannyasin werd eens uitgenodigd door een weduwnaar om voor de ziel van zijn vrouw te bidden. De sanyassin begon te bidden: "Laat iedereen gelukkig zijn. Laat er geen verdriet zijn. Laat geluk het universum vullen. Laat iedereen de volmaaktheid bereiken, enz.". De man die naar het gebed luisterde, wond zich op. Hij zei tegen de sannyasin: "Swami, ik dacht dat U zou bidden voor de ziel van mijn vrouw, maar ik heb U niet eenmaal haar naam horen noemen". De Swami antwoordde: "Het spijt me erg, maar ik kan op die manier niet bidden. Mijn geloof en mijn Guru hebben me geleerd voor alle mensen te bidden, voor het hele universum. In werkelijkheid zal alleen het bidden voor het welzijn van de gehele mensheid ook de enkeling ten goede komen. Als je de takken van een boom begiet, dan is het water verspild. Alleen als de wortels worden begoten, kan het voedsel de takken en de bladeren bereiken. Alleen als ik voor iedereen bid zal uw vrouw haar zegening ontvangen. Dan alleen zal haar ziel vrede vinden. Ik kan niet op een andere wijze bidden". De Swami was hier zozeer van overtuigd, dat de echtgenoot geen andere keus had dan zich hierbij neer te leggen. Hij zei: "Goed, U kunt bidden zoals U wilt. Maar kunt U dan op z'n minst m'n buren van Uw gebed uitsluiten?" Dit is tegenwoordig de meest voorkomende houding van de mensen. We hebben het vermogen en de bereidheid om te delen verloren.

Toen de koude oorlog tussen de Sovjet Unie en Amerika eindigde, slaakte de wereld een zucht van verlichting. Met de verplichting de vijandigheden te beëindigen, werd de dreiging van een kernoorlog, die de wereld potentieel kan vernietigen, weggenomen.

Nu zijn families, die door de kunstmatige grenzen van verschillende politieke ideologen gescheiden waren, voor het eerst herenigd in de geest van liefde die hen altijd verbonden had.

Natuurlijk zijn er veel mensen die bij de productie van destructieve wapens betrokken zijn, mensen die alleen aan hun eigen belang denken.

Het enige doel van de natuur is de Schepping in stand te houden. We moeten hier geloof en vertrouwen in hebben. We moeten naar alternatieve, vreedzame wegen zoeken om in ons levensonderhoud te voorzien, in plaats van elkaar te vernietigen ter meerdere glorie van onszelf.

Religie en devotie bestaan niet alleen uit het louter bezoeken van tempels, kerken of moskeeën en het verrichten van rituelen We zouden in staat moeten zijn God, het Zelf in onszelf en in alle wezens waar te nemen.

Dit is de dageraad van de een en twintigste eeuw. Laat al de grote sannyasins, de spirituele leiders en het Hindoe gastcomité, dat zo hard aan het succes van het religieuze Parlement gewerkt heeft, op z'n minst in gedachten, de volgende eed afleggen:

"Ongeacht van tijd en plaats, zullen we hard voor de vrede en de harmonie van de hele wereld werken en het lijden van de mensheid verlichten. Laat op deze manier de grote belofte van het Sanatana Dharma een levende waarheid worden. En laten we vastbesloten zijn om deze grote Waarheid en de essentiële principes van het leven aan alle jongeren door te geven. Zij zijn de bloemknoppen van de komende generatie die op het punt staan zich te openen om de geur van de wereld te worden".

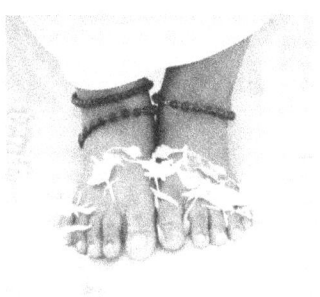

De boodschap van Sanatana Dharma

De volgende boodschap werd door Amma gegeven, ter gelegenheid van het boek "Reflections on Hinduism", dat door het Hindoe Gastcomité werd gepubliceerd als herinnering aan het Parlement van 1993.

Religie geeft wat de wereld nooit kan bieden. Wat is het waar de mens naar hunkert? Wat is het waar het in deze wereld het meest aan ontbreekt? Dat is vrede, nietwaar? Er is nergens vrede, noch van binnen, noch van buiten. Om het leven ten volle te leven, heeft men vrede nodig. En men heeft liefde nodig. Vrede is niet iets dat bereikt wordt wanneer alle wensen zijn vervuld. Zolang er gedachten zijn, zullen er verlangens ontstaan en zullen er problemen bestaan. Vrede is iets dat verschijnt wanneer alle gedachten tot rust zijn gekomen en je de geest transcendeert.

In deze transcendente toestand, waarin het individuele zelf in het oneindige bewustzijn opgaat, houdt de uiterlijke wereld van namen en vormen op te bestaan. Dit is het hart van de Hindoe filosofie, van Advaita (non-dualiteit). De mens kan de hoogste staat van volmaaktheid bereiken. Inderdaad, dit is zijn ware natuur. We kunnen ons afvragen waarom we ons deze Waarheid niet realiseren. Het komt voornamelijk door de obsessie van de mens om zich aan de uiterlijke objecten van de wereld te hechten. De onwetendheid over onze ware natuur kan alleen door ware kennis weggenomen worden. Er is slechts één weg om deze zuivere kennis te doen ontwaken, namelijk door het beoefenen van spirituele oefeningen onder de leiding van een volmaakte Meester, die voor eeuwig in deze transcendente toestand van geluk en vrede verkeert.

Een mens die van vrede vervuld is, is ontspannen. Zijn leven is in evenwicht. Hij is nooit angstig of opgewonden. Hij treurt niet om zijn verleden. Door de helderheid van zijn waarneming, treedt hij iedere situatie in het leven op rustige en intelligente wijze tegemoet. Zijn geest en zijn waarneming worden niet door onnodige gedachten vertroebeld. Hij zal, net als andere mensen, ook problemen in zijn leven hebben, maar de wijze waarop hij deze tegemoet treedt, is totaal verschillend. Zijn houding zal anders zijn. Er zal een bijzondere charme en schoonheid zijn in alles wat hij doet. Zelfs onder de moeilijkste omstandigheden zal hij onverstoord blijven.

Het is de aard van de menselijke geest om altijd in beweging te zijn. Zoals de slinger van een klok, beweegt de geest zich altijd van het ene object naar het andere. De beweging is er altijd. De geest is altijd in een toestand van voortdurende verandering. Het ene moment heeft hij lief, het volgende moment haat hij. Het ene moment kan hem iets bevallen, maar het volgende moment kan hij er een afkeer van hebben. Soms beweegt de slinger van de geest zich naar boosheid en dan naar verlangens. Hij kan niet stoppen. Hij kan niet stil zijn. Door de constante beweging van de geest, kan de onderliggende, onbeweeglijke grond van het bestaan, dat de ware natuur van alles is, niet gezien worden. De beweging van de geest creëert onophoudelijk golven en deze golven, deze gedachtenrimpels, vertroebelen alles.

Elke gedachte, elke emotionele uiting en elk verlangen is als een kiezelsteen die in het meer geworpen wordt. De onophoudelijke gedachten zijn als de rimpelingen op het water oppervlak. Het golvende oppervlak maakt het je onmogelijk de bodem helder te zien. Je staat de geest nooit toe stil te zijn. Of er is een verlangen om een wens te vervullen, of er is woede, jaloezie, liefde of haat. En als er op dit moment niets gebeurt, dan komen de herinneringen uit het verleden naar boven. Zoete genoegens, bittere herinneringen, vreugdevolle momenten, spijt, wraak, er zal altijd wel iets te voorschijn komen. Zodra het verleden zich terugtrekt, dan duikt de toekomst op met schone beloften en dromen. Zo is de geest voortdurend bezig. Hij is altijd in beslag genomen en nooit vrij.

Wat je ziet is alleen de oppervlakte. Je neemt alleen de golven aan de oppervlakte waar. Maar door de beweging aan de oppervlakte denk je ten onrechte dat de bodem ook beweegt. Maar de bodem is in rust. Die kan niet bewegen. Je projecteert de beweging aan de oppervlakte - de golven van gedachten en emoties - op de onbeweeglijke bodem. De beweging, veroorzaakt door de gedachtengolven, behoort slechts tot de oppervlakte; het behoort tot de geest. Maar om de onbeweeglijke bodem te zien moet de oppervlakte rustig en stil worden. De rimpelingen moeten ophouden. De schommelende slinger van de geest moet stil blijven. Deze stille en vreedzame toestand te bereiken is het uiteindelijke doel van religie.

Wanneer deze stilte eenmaal bereikt is, dan kun je moeiteloos door de oppervlakte heen kijken. Je ziet de vervormingen niet meer. Je ziet de ware grond van het bestaan - de Waarheid. Al je twijfels houden op te bestaan. Dan realiseer je je dat je tot dat moment alleen schaduwen en wolken hebt gezien. Het doel van religie is je te helpen de ware grond van alles te zien, terwijl je constant in de diepste diepte van je eigen ware Zelf verblijft. In deze staat verdwijnen alle verschillen en zie je je eigen Zelf in en door ieder object schijnen.

Liefde voor de gehele mensheid rijst op in degene die de Waarheid ervaren heeft. In die volheid van Goddelijke Liefde bloeit de schone geurende bloem van mededogen. Compassie ziet niet de fouten van anderen. Het ziet niet de zwakheden van andere mensen. Het maakt geen onderscheid tussen goede en slechte mensen.

Compassie kan geen grens trekken tussen twee landen, twee geloven of twee religies. Compassie heeft geen ego. Daardoor is er geen angst, lust of passie. Compassie vergeeft en vergeet eenvoudig. Het is als een kanaal; alles gaat er doorheen, niets kan daar blijven. Mededogen is liefde in al haar volheid uitgedrukt.

God is liefde, de levenskracht achter de gehele schepping. Het is inderdaad zeldzaam een religie te vinden die niet de liefde voor alle wezens als belangrijkste factor beschouwt. Als alle religies zich aan dit principe van liefde zouden houden, worden de verschillen, die vandaag de dag gezien worden, onbetekenend. God verwacht liefde, broederschap en samenwerking van Zijn kinderen. Vasthoudend aan oppervlakkige verschillen, baant de mens zich een weg naar zijn eigen ondergang.

Religie wordt geacht het licht van Liefde en Waarheid onder de mensen te verspreiden. Religie zou geen verschillen moeten aanmoedigen. Er is maar één Hoogste Waarheid, die door alle religies schijnt. Religie, gezien vanuit dit gezichtspunt, brengt ons dichter bij de Hoogste Waarheid, het help ons elkaar te begrijpen en het leidt de mensheid tot vrede.

De boodschap van Sanatana Dharma

Hoe lang zullen we in deze wereld leven? Niemand heeft het eeuwige leven. Alles waar we aanspraak op maken als zijnde ons bezit, is tijdelijk. Als dat zo is, is het dan wijs om dit door God gegeven leven te verspillen met het najagen van tijdelijke doeleinden? De grote meesters van alle religies verklaren eenstemmig dat er een onveranderlijke substantie is, dat aan deze altijd veranderende wereld ten grondslag ligt. Door de verwerkelijking van deze Waarheid wordt de onsterfelijkheid bereikt. Dat is het uiteindelijke doel van het leven.

Religies zouden de mensen, op een stevige basis van liefde en vrede, moeten helpen om een sterk verlangen te ontwikkelen bij het zoeken naar het eeuwige leven. Dit is werkelijk de grootste dienst die religie de mensheid kan bieden. Wederzijdse liefde en samenwerking tussen de religies zou het belangrijkste moeten zijn. Laat liefde, vrede, samenwerking en geweldloosheid de bakens zijn die de weg naar de éénentwintigste eeuw verlichten.

Dit is in essentie de boodschap die de lange traditie van heiligen en wijzen van India en de eeuwige religie van het Hindoeïsme (Sanatana Dharma) aan de wereld schenkt.

Naar een wereldomvattende ethiek

De volgende tekst is de oorspronkelijke verklaring van een Wereldomvattende Ethiek, een roep om universele waarden, gerechtigheid en mededogen, ondertekend door de meerderheid van de spirituele leiders die aan het Parlement deelnamen.

De wereld is in vreselijke pijn. De pijn is zo allesoverheersend en ernstig dat we verplicht zijn dit te vermelden, zodat de diepte van deze pijn duidelijk wordt. Vrede ontgaat ons, de planeet wordt vernietigd, buren leven in angst, vrouwen en mannen zijn vervreemd van elkaar, kinderen sterven!

Dit is gruwelijk! We veroordelen het misbruik van de ecosystemen van de wereld. We veroordelen de armoede, die het potentieel van het leven verstikt; de honger die het menselijk lichaam verzwakt; de economische ongelijkheid die zoveel families met de ondergang bedreigt. We veroordelen de sociale wanorde van de verschillende naties; de veronachtzaming van gerechtigheid, die de burgers naar de rand van de maatschappij voert; de anarchie die onze gemeenschappen overvalt; de krankzinnigheid van de gewelddadige dood van kinderen. In het bijzonder veroordelen wij agressie en haat in de naam van religie.

Maar deze helse toestanden hoeven er niet te zijn. Zij hoeven niet te bestaan, omdat de basis voor een ethiek al bestaat. Deze ethiek biedt de mogelijkheid tot een betere individuele en mondiale orde en leidt mensen uit de wanhoop en gemeenschappen uit de chaos. Wij zijn vrouwen en mannen, die de geboden praktische oefeningen van de wereldreligies volgen. Wij verzekeren dat er gemeenschappelijke kernwaarden in alle religies bestaan, die de basis vormen van een mondiale ethiek. We bekrachtigen dat deze waarheid weliswaar bekend is, maar nog niet uit het hart komt en in daden wordt omgezet. We verklaren dat er een onherroepelijke en onvoorwaardelijke levensnorm bestaat voor alle aspecten van het leven, voor families en gemeenschappen, voor rassen, naties en religies. Er bestaan reeds eeuwenoude richtlijnen voor menselijk gedrag, die in de leringen van de wereldreligies gevonden kunnen worden. Zij zijn de voorwaarden voor een duurzame wereldorde.

We zijn van elkaar afhankelijk. Ieder van ons is afhankelijk van het welzijn van het geheel en daarom hebben we respect voor de gemeenschap van levende wezens, voor de mensen, dieren en planten, zowel als voor het behoud van de aarde, de lucht, het water en de bodem. We nemen persoonlijke verantwoordelijkheid voor alles wat we doen. Al onze beslissingen, handelingen en fouten hebben hun consequenties. We moeten anderen behandelen zoals we zelf door anderen behandeld wensen te worden. We verplichten ons het leven en de menselijke waardigheid, de individualiteit en de verscheidenheid te respecteren, zodat ieder persoon, zonder enige uitzondering, menselijk behandeld wordt. We moeten geduld hebben en de bereidheid tonen het leven te aanvaarden. We moeten in staat zijn te vergeven, te leren van het verleden, maar onszelf nooit toestaan een slaaf van haatdragende herinneringen te worden. We moeten, ten gunste van de wereldgemeenschap, onze harten voor elkaar openen en onze kleine verschillen vergeten en een cultuur van solidariteit en verbondenheid scheppen.

We beschouwen de mensheid als onze familie. We moeten ernaar streven vriendelijk en edelmoedig te zijn. We moeten niet alleen voor onszelf leven, maar ook de anderen dienen. Hierbij mogen we nooit de kinderen, de bejaarden, de armen, degenen die lijden, de gehandicapten, de vluchtelingen en de eenzamen vergeten. Niemand mag ooit als een tweederangs burger beschouwd en behandeld worden of op enigerlei wijze uitgebuit worden. Er moet gelijkheid in partnerschap tussen mannen en vrouwen zijn. We mogen geen seksuele immoraliteit begaan van welke aard dan ook. We moeten iedere vorm van overheersing of misbruik achter ons laten.

We verplichten ons tot een cultuur van geweldloosheid, respect, rechtvaardigheid en vrede. We zullen andere mensen niet onderdrukken, verwonden, martelen of doden en het geweld afzweren als middel om problemen op te lossen.

We moeten streven naar een rechtvaardige sociale en economische orde, waarin iedereen gelijke kansen heeft om de menselijke vermogens volledig te ontplooien. We moeten naar waarheid en met mededogen spreken en handelen, iedereen eerlijk behandelen en vooroordelen en haat vermijden. We mogen niet stelen. We moeten de heerschappij van de hebzucht naar macht, aanzien, geld en consumptie achter ons laten om een rechtvaardige en vreedzame wereld te scheppen.

De aarde kan niet verbeterd worden zolang het bewustzijn van de individuen niet eerst verandert. We doen de belofte ons bewustzijn te verruimen door onze geest te controleren met behulp van meditatie, gebed of positief denken. Zonder risico en de bereidheid tot offeren kan er geen fundamentele verandering in onze situatie komen. Daarom verplichten we ons tot het navolgen van deze wereldomvattende ethiek, tot het begrijpen van elkaar en tot een sociale, vredebevorderende en natuurvriendelijke levenswijze. We nodigen alle mensen uit, religieus of niet, hetzelfde te doen.

Wij, vrouwen en mannen van de verschillende wereldreligies, richten ons daarom tot alle mensen, religieus of niet religieus. We wensen uitdrukking te geven aan de volgende gemeenschappelijke verklaring:

- We dragen allen verantwoordelijkheid voor een betere wereld.

- Onze betrokkenheid bij de mensenrechten, vrijheid, rechtvaardigheid, vrede en het behoud van de aarde is absoluut noodzakelijk.
- Onze verschillende religieuze en culturele tradities mogen onze gemeenschappelijke betrokkenheid bij het tegengaan van alle vormen van onmenselijkheid en het werken voor meer humaniteit niet in de weg staan.
- De grondslagen van deze wereldomvattende Ethiek kunnen door alle mensen met ethische overtuigingen, of ze nu religieus georiënteerd zijn of niet, aanvaard worden.
- Als religieuze en spirituele mensen baseren we ons leven op een Hogere Realiteit en putten hieruit de geestelijke kracht en hoop, in vertrouwen, in gebed of meditatie, in woorden of stilte. We hebben een speciale verantwoordelijkheid voor het welzijn van de gehele mensheid en het behoud van de planeet aarde. We beschouwen onszelf niet als beter dan andere vrouwen en mannen, maar we geloven dat de eeuwenoude wijsheid van onze religies de weg voor de toekomst kan wijzen. We nodigen alle mannen en vrouwen uit, religieus of niet, hetzelfde te doen.

www.ingramcontent.com/pod-product-compliance
Lightning Source LLC
Chambersburg PA
CBHW070631050426
42450CB00011B/3164